Le Joker européen

« PENSER LA SOCIÉTÉ »

Collection dirigée par Luc Ferry, président délégué du Conseil d'analyse de la société.

« Penser la société » publie les essais et rapports écrits par des membres du Conseil d'analyse de la société ou par des auteurs qu'il a sollicités sur les questions de société de toute nature qui font aujourd'hui débat : des tranformations de la famille moderne aux enjeux bioéthiques, en passant par les défis du développement durable, de l'éducation ou de la mondialisation… Les ouvrages de la collection s'attachent à présenter des synthèses originales, claires et approfondies, associées à des propositions de réformes ou d'initiatives politiques concrètes.

Le Conseil d'analyse de la société a pour mission d'éclairer les choix et les décisions du gouvernement dans tout ce qui touche les faits de société. Il est composé de trente-deux membres, universitaires, chercheurs, artistes, représentants de la société civile de toutes sensibilités politiques, dans les domaines des sciences humaines.

Christian Saint-Étienne

Le Joker européen

*La vraie solution
pour sortir de la crise*

Préface

La construction européenne a longtemps été une promesse.

Promesse de paix avec la Communauté européenne du charbon et de l'acier (CECA) conçue pour éviter la répétition des guerres franco-allemandes qui ont ensanglanté l'Europe.

Promesse d'avenir avec la Communauté économique européenne lancée par le traité de Rome de 1957, puis par le marché unique initié en 1987 pour fonctionner à partir du 1er janvier 1993. Il s'agissait de contribuer à l'accélération de la croissance en Europe par la création d'un marché ouvert à la libre concurrence.

Promesse de stabilité avec le lancement de la monnaie unique au 1er janvier 1999 qui devait nous prémunir des crises financières et des crises de financement des États.

Il s'agissait au total d'accélérer la croissance grâce à la concurrence sur les marchés et de renforcer la stabilité financière apportée par l'euro.

Toutes ces promesses se sont révélées vaines. L'Europe a commencé à perdre pied dans la concurrence mondiale depuis le lancement du marché unique. Son affaiblissement relatif s'est accéléré avec la monnaie unique.

L'Union européenne est aujourd'hui synonyme de stagnation économique et d'instabilité financière. En mars 2012, l'Union européenne comptait près de 25 millions de chômeurs. Le taux de chômage dépassait 10 %, et pourrait atteindre 11 % à la fin de 2012. La situation est pire dans la zone euro, avec un taux de chômage supérieur à celui de l'Union. Le taux de chômage des jeunes est supérieur à 22 % en Europe. La Commission européenne anticipait, dans ses prévisions de février 2012, une baisse du PIB de la zone euro en 2012.

Que s'est-il passé ? Juste « pas de chance » et tout va bientôt rentrer dans l'ordre, comme le prétend le discours officiel rabâché jusqu'à la nausée ?

Je voudrais montrer ici qu'il s'agit plutôt d'une erreur de conception à la base. Le logiciel européen est faux. L'Europe est devenue le « ventre mou » du monde.

Il faut d'urgence construire une autre Europe. Non pas une Europe fermée sur elle-même qui serait une autre façon de stagner, voire de régresser encore plus vite. Plutôt une Europe offensive qui redonne leurs chances à ses États membres et à ses citoyens.

La reconquête exige de concevoir et de mettre en œuvre un modèle d'Europe *politique*, associant stabilité monétaire et souveraineté politique. Il ne peut y avoir de monnaie solide et de croissance durable sans un État européen puissant. La question décisive est alors celle du périmètre. S'il ne peut être imaginé dans le cadre de l'Union européenne ou dans celui de la zone euro, comment construire le « noyau dur » d'une Europe offensive ?

La crise actuelle de l'Europe est le fruit de deux déficiences : une croissance anémique associée à une démographie peu dynamique depuis vingt ans et une zone euro extrêmement fragilisée par l'écartèlement des performances entre le sud et le nord de la zone.

Le marché unique, mis en place il y a une vingtaine d'années, a privilégié l'ouverture de l'Europe à une concurrence internationale sans réciprocité sous le prétexte de favoriser la consommation au moindre prix plutôt que de chercher à construire une économie entrepreneuriale fortement innovante. Cette dernière aurait permis de faire naître des entreprises compétitives apportant des emplois et des produits innovants, à l'instar de l'économie américaine qui est à la pointe des technologies numériques, biologiques et cognitives.

Aux États-Unis, la concurrence sur les marchés de biens et services veut favoriser les innovations de produits et services au bénéfice des consommateurs, mais en renforçant les producteurs. En Europe, la seule recherche du bien-être du consommateur par l'ouverture inconditionnée des marchés affaiblit les producteurs. L'Allemagne a pu s'abstraire en partie des conséquences de cette vision malthusienne en choisissant de tout miser sur la seule compétitivité depuis une quinzaine d'années. Elle a ainsi pris des parts de marché aux autres producteurs de la zone euro, dans le cadre d'un jeu à somme nulle qui a contribué, outre les erreurs commises par les pays du sud de l'Europe, à affaiblir les économies partenaires de l'Allemagne. Or l'Allemagne elle-même commence à subir les effets de l'affaiblissement de ses partenaires européens.

Le marché unique ouvert à tous les vents s'est transformé en un tragique jeu de prédation mutuelle, où les gains des uns sont les pertes des autres, plutôt que de favoriser la croissance de tous. En outre, la faiblesse de la fécondité européenne ainsi que celle de la croissance s'alimentent entre elles pour produire un continent dépressif que les grands acteurs du monde (États-Unis, Chine, Inde, Japon ou Brésil) ne voient plus que comme une proie consentante et méprisée.

La zone euro est le fruit de compromis mal négociés à Maastricht, en décembre 1991, entre une France qui voulait partager le pouvoir monétaire allemand après la réunification de ce pays afin d'empêcher l'émergence d'une hégémonie allemande, une Allemagne qui ne voulait partager sa monnaie qu'avec des pays « sérieux » et un Royaume-Uni qui ne voulait pas favoriser l'émergence d'un éventuel État fédéral européen. Il en est résulté un traité créant une monnaie unique sans gouvernement économique et sans budget fédéral de la zone. De plus, en obtenant le maintien de l'unanimité dans la prise de décision pour les règles fiscales et sociales, le Royaume-Uni s'est assuré le contrôle politique de la zone en instaurant une concurrence par les normes fiscales et sociales entre les États membres qui empêche l'émergence d'un espace stratégique européen. En prime, la France se retrouve soumise à l'hégémonie allemande qu'elle voulait éviter.

Les Français, en voulant ignorer qu'il n'existe aucun exemple, depuis trois mille ans, de divorce durable entre souveraineté monétaire et souveraineté politique, ont fait le pari, sous la conduite de François Mitterrand et de Jacques Delors, que la zone euro se doterait rapidement d'institutions politiques. Le traité de Maastricht a construit une monnaie sans souverain politique en rêvant qu'il naîtrait de lui-même par la force des choses. Ce pari fou a été perdu ! Il s'est transformé en farce tragique, l'Allemagne voulant régler la crise de la zone euro par une gouvernance punitive faite de règles toujours plus contraignantes pour les États faibles de la zone. Quant à la France, épuisée de ses erreurs de politique économique depuis une quinzaine d'années, elle se révèle incapable d'obtenir la mise en place d'un vrai gouvernement économique avec un budget spécifique de la zone euro, ce qu'elle aurait dû exiger à Maastricht quand elle avait encore la puissance pour l'imposer.

De fait, la crise de la zone euro est une crise institutionnelle et de gouvernance avant d'être une crise économique. Si l'on s'accordait demain sur des institutions fortes pour la zone euro, la crise financière disparaîtrait presque par magie et la crise économique se résorberait rapidement.

On ne peut néanmoins qu'être stupéfait par l'erreur colossale commise par la France lors de la négociation du traité de Maastricht. En créant une monnaie unique sans souverain politique tout en consolidant la mécanique infernale de la concurrence fiscale et sociale en Europe alors que nous avons laissé dériver notre dépense publique depuis vingt ans, nous avons fait de la monnaie unique un nœud coulant qui est aujourd'hui devenu mortel pour la République. Il faudra bien que la France instruise un jour le procès de l'erreur de Maastricht et de l'incohérence de nos politiques !

Soit nous mettons en place une politique stratégique très déterminée pour retrouver notre compétitivité et éliminer notre déficit public, soit nous allons disparaître comme puissance indépendante[1].

Plus profondément encore, l'erreur commise par la France et l'Allemagne consiste à poser le primat de l'économique sur le politique, contrairement aux pratiques anglo-saxonnes. En effet, on croit toujours que l'économique domine le politique dans ces derniers pays car c'est ce qu'ils proclament dans leurs déclarations, notamment celles à destination des non-Anglo-Saxons. En réalité, l'Angleterre puis les États-Unis ont toujours soigneusement distingué le discours, qui vise

---

1. Voir mon livre, *L'Incohérence française*, Grasset, 2012.

souvent à engluer l'adversaire, et la pratique. Au XIXe siècle, l'Angleterre se faisait le chantre du libre-échange tout en liquidant physiquement l'industrie textile indienne qui concurrençait la sienne. Depuis la Seconde Guerre mondiale, les États-Unis demandent l'ouverture des marchés de leurs partenaires tout en contrôlant soigneusement l'ouverture des leurs, notamment au nom de la sécurité stratégique. Les Anglo-Saxons se fixent d'abord des objectifs stratégiques que les acteurs économiques doivent servir.

Il est clair, par exemple, que les États-Unis, qui émettent la monnaie mondiale et veulent rester la première puissance du monde face à la Chine, se serviront du dollar pour conforter leur puissance stratégique, et non l'inverse. Par un effet miroir fascinant, qu'achètent les investisseurs lorsqu'ils se réfugient dans des placements en dollars à la moindre crise politique dans le monde ? La solidité de l'économie américaine, alors que ce pays n'arrive pas à résoudre rapidement sa crise budgétaire ? Que l'économie américaine reste attractive grâce à ses marchés financiers puissants est indéniable. Cependant, en achetant des dollars lors des crises politiques, les investisseurs achètent en réalité la capacité d'action stratégique des États-Unis et la puissance de l'armée américaine ! Quand les Franco-Allemands comprendront-ils donc l'évidence qui les fait pourtant plier devant le gouvernement autocratique de Chine, alors que l'économie chinoise n'est pas plus puissante, selon la mesure du PIB en valeur de marché, que la leur ! Étranges Franco-Allemands, ignorants de leur histoire millénaire, qui se laissent berner par leur incompréhension de la nature réelle des rapports de forces dans l'histoire moderne et par les grosses ficelles des Anglo-Saxons et des marchés financiers qui servent leurs intérêts !

En s'arc-boutant sur le principe de décisions prises à l'unanimité en matière fiscale et sociale, sujets clés pour maintenir leur suprématie politique et financière, les Anglais ont su casser la dynamique d'union politique au sein de la zone euro avant même qu'elle ne puisse se mettre en œuvre. De ce point de vue, l'isolement apparent des Britanniques dans la négociation sur le traité intergouvernemental instaurant la règle d'or des finances publiques, au début de 2012, est largement une illusion. La combinaison de la concurrence fiscale et sociale, qui va perdurer, et de la volonté allemande d'imposer une gouvernance punitive à la zone euro continuera d'empêcher la zone euro de se doter d'un souverain politique. Jusqu'à quand ?

La crise de la zone euro ne peut que s'exacerber jusqu'à son éclatement ou sa fédéralisation partielle, ce qui exigera l'affirmation par la France et l'Allemagne du primat du politique sur l'économique. Ces deux pays sauront-ils trancher à temps le nœud gordien des contradictions de la construction européenne et de l'erreur de conception de l'euro ? C'est le prodigieux drame qui va se jouer sous nos yeux dans les mois à venir.

L'Europe
contre la démocratie libérale

L'Union européenne, née du traité de Maastricht de décembre 1991 négocié par François Mitterrand et Jacques Delors, est à la fois ultralibérale et antidémocratique.

Elle est ultralibérale en ce qu'elle a placé au sommet de la construction institutionnelle et constitutionnelle de l'Union le principe de la concurrence entre États par les normes fiscales et sociales. Il en résulte une mise en concurrence des États de droit des pays membres de l'Union plutôt que l'émergence d'un État de droit commun à l'ensemble de l'Union. Le seul État de droit commun aux pays européens est l'affirmation que la prospérité de l'Europe dépend d'une ouverture illimitée de ses marchés, sans exigence de réciprocité avec les États non européens qui pratiquent le dirigisme d'État (Chine, Russie, etc.), l'oligarchie (Inde, Brésil, Argentine, etc.) ou une ouverture des marchés sous contrôle du gouvernement ou de son appareil militaire (Pentagone aux États-Unis, l'Asie dans son ensemble, etc.). Ce n'est pas le libre-échange qui est en cause, puisqu'il ne recouvre qu'une notion d'échange équilibré dans le cadre d'un État de droit s'appliquant à tous. C'est l'ouverture des marchés sans réciprocité – choix absurde de l'Europe telle qu'elle existe, avec des États dont les économies sont semi-fermées aux entreprises européennes – qui est un vice de la pensée. Et c'est la mise en concurrence des États de droit qui est un crime contre l'Europe.

Il est essentiel de bien comprendre ce qui s'est passé à Maastricht. Sous l'apparence d'un renforcement des souverainetés partagées, s'est effectivement mise en place une

Europe des égoïsmes et de la prédation fondée sur l'affirmation du principe de concurrence fiscale et sociale entre les peuples européens. On peut effectivement parler de prédation, car le pays membre de l'Union ayant les impôts les plus faibles ou les réglementations les moins contraignantes attirera toujours les capitaux et les individus talentueux qui sont extrêmement mobiles. Ce principe de concurrence est continuellement proclamé dans le texte du traité de Maastricht intégralement repris dans le traité de Lisbonne de 2007, entré en vigueur le 1er décembre 2009, et qui constitue aujourd'hui la table de la loi européenne.

Insistons sur la distinction essentielle entre la concurrence par les normes et la concurrence sur les marchés. La concurrence sur les marchés de biens et services oblige les acteurs économiques à œuvrer dans une économie aussi transparente que possible afin que les consommateurs paient le juste prix ; elle est donc souhaitable. À l'inverse, la concurrence par les normes fiscales et sociales instaure la prédation comme principe supérieur d'organisation des sociétés humaines. En effet, l'État adoptant les impôts les plus faibles ou les moins progressifs et la protection sociale la moins généreuse attirera toujours sur son territoire les entreprises et les capitaux au détriment des autres États.

Par exemple, l'Irlande concurrence les autres États européens avec un taux d'impôt sur les sociétés à 12,5 %, soit moins de la moitié du taux des autres pays européens, tandis que la protection sociale des pays d'Europe centrale est bien moins développée qu'en France. Pour éviter ces dérives, les États adoptant la même monnaie doivent se doter de règles communes en matière fiscale et sociale. En contradiction avec ce principe, la zone euro allie une monnaie commune et une concurrence fiscale et sociale brutale entre ses pays membres. À l'inverse, aux États-Unis d'Amérique, la concurrence sur les marchés est encouragée comme principe fondamental de développement tandis que la concurrence par les normes fiscales et sociales est tellement encadrée que, en réalité, les principaux impôts et systèmes sociaux sont fédéraux.

Donc, l'Union européenne est ultralibérale au sens où le marché, qui n'est qu'une institution économique, devient la norme sociale et politique. C'est une Europe « marchéiste ». Elle est également contre la démocratie au sens où elle interdit la mise en place d'un État de droit commun à l'ensemble de l'Union par des règles fiscales et sociales communes. En effet, la démocratie moderne, dite libérale au sens de la révolution des Lumières, est le nom usuel de la démocratie représentative œuvrant dans un État de droit commun s'appliquant à tous. La démocratie libérale représentative est l'enfant conceptuel et révolutionnaire de la philosophie politique libérale des XVIIe et XVIIIe siècles. Il faut rappeler que la philosophie politique libérale condamne la concurrence fiscale et sociale entre membres d'une union politique, ce qui explique son rejet par les États-Unis pour ce qui concerne leur propre territoire. En effet, la philosophie politique libérale, construite par Hobbes, Locke et Montesquieu, pose que l'État de droit rend possible le fonctionnement de la démocratie représentative : il préserve les libertés fondamentales, qu'elles soient politiques ou économiques, et instaure un droit de la concurrence qui vise à la transparence des marchés. La philosophie politique libérale s'oppose à la concurrence par les normes car cette dernière sape les fondements de l'État de droit. L'État de droit s'appuie sur l'égalité des conditions et des obligations de chacun, compte tenu des règles de droit et de comportement qui s'appliquent à tous. Si les règles sont mouvantes, on ne peut plus construire une société politique au sein de laquelle peut s'exprimer et débattre le peuple.

Notons également qu'il ne faut pas confondre le libéralisme *politique* issu des

Lumières, qui pose que l'état de nature est un état sauvage qui est ordonné par l'État de droit mis en œuvre par l'État régalien, et le libéralisme *économique* qui pose que l'état de nature obéit à un *ordre spontané* qui ne peut être que déséquilibré par l'intervention de l'État. C'est le libéralisme politique qui a inventé les notions d'État de droit et d'État régalien, ce dernier étant séparé du pouvoir absolu en ce qu'il obéit à l'État de droit. De ce point de vue, le marxisme, qui donne le pouvoir absolu à l'« avant-garde du peuple », et le libéralisme économique, que je préfère appeler « marchéisme », qui donne le pouvoir au marché, sont intellectuellement proches par le poids qu'ils accordent à des déterminismes qui nous domineraient, même s'ils sont philosophiquement opposés sur la notion de liberté individuelle.

Le traité de Maastricht a donc accouché d'un monstre. Avant lui, le traité de l'Acte unique de février 1986, entré en vigueur le 1er juillet 1987, également voulu et négocié par Jacques Delors, avait favorisé la concurrence sur les marchés de biens et de services grâce à plus de 280 directives européennes mises en œuvre pour l'essentiel avant le 31 décembre 1992, ce qui était souhaitable. Mais c'est le traité de Maastricht, négocié en décembre 1991 par Mitterrand et Delors, signé en février 1992 et entré en vigueur le 1ᵉʳ novembre 1993, qui a affirmé le primat de la concurrence fiscale et sociale au sein de ce qui est devenu l'Union européenne. C'est le même traité qui a jeté les bases d'une monnaie unique sans gouvernement économique, sans budget fédéral et sans coordination fiscale et sociale même au sein de la zone monétaire à créer. Alors que les pays membres de la zone partagent la même politique monétaire, les mêmes taux d'intérêt de la banque centrale et les mêmes taux de change, ils peuvent se faire concurrence par les normes fiscales et sociales. C'est une situation inconcevable aux États-Unis où la Cour suprême veille à l'unicité de l'État de droit sur tout le territoire américain, même si certaines différences subsistent entre États américains (par exemple pour les taxes à la consommation).

L'Union européenne, objet institutionnel créé à Maastricht en se substituant alors à l'ancienne Communauté économique européenne, est une machine folle qui n'a accouché que d'une Europe désarmée, devenue le « ventre mou » du monde.

Par quelle Europe doit-on la remplacer ?

Chapitre 1

L'Europe, « ventre mou »
du monde

La construction européenne est toujours présentée comme un processus vertueux qui conduit nécessairement à créer une Europe plus libre, plus prospère et plus influente. À l'inverse de cette fable idyllique, l'euro, pièce maîtresse de l'intégration européenne, a accentué les divergences de performances entre ses membres, tandis que la zone euro est devenue une zone de non-croissance relative dans le monde. Enfin, l'accentuation de la concurrence fiscale et sociale en Europe est la négation des nobles idéaux affichés de prospérité dans la paix.

La croissance annuelle moyenne de la zone euro est passée de 2,1 % au cours des années

1993-2002 à 1 % au cours des années 2003-2011. La croissance anticipée pour 2012 est nulle. Au cours de ces mêmes périodes, la croissance annuelle est passée de 4 à 7 % dans le monde émergent tandis que les États-Unis ont mieux résisté que la zone euro avec une croissance qui a été 1,7 fois plus rapide de 1993 à 2011. Le marché unique, opérationnel depuis le 1er janvier 1993, et la monnaie unique, lancée depuis le 1er janvier 1999, n'ont pas provoqué une accélération de la croissance européenne mais son effondrement relatif ! L'Europe, comme l'Église au temps de Galilée et l'Union soviétique stalinienne, parvient à cacher les faits observés par l'accumulation des proclamations disant l'inverse des faits. Jusqu'à quand ? L'Église a dû se dédire et l'Union soviétique s'est effondrée.

L'ERREUR FONDATRICE
DE LA CONSTRUCTION EUROPÉENNE

Avec le traité de Maastricht, la construction européenne a donc changé de nature. Il ne s'agissait plus seulement de favoriser le développement des échanges de biens et services au sein de l'Union, mais d'intégrer des éléments essentiels de souveraineté comme la monnaie, la défense et la politique étrangère tout en refusant la mise en place d'un État de droit fiscal et social commun. Or il aurait fallu faire trois choix simultanés pour rendre cette évolution politiquement légitime.

Tout d'abord, l'imposer à tous les États membres en disant à ceux qui souhaitaient des clauses d'exemption qu'ils pouvaient quitter l'Union (le Royaume-Uni et le Danemark étaient autorisés à s'abstraire de la monnaie unique, la Suède bénéficiant *de facto* – et non *de jure* – de ces clauses lors de son entrée dans l'Union en 1995). Or une Union intrinsèquement apolitique ne pouvait pas prendre une décision aussi intrinsèquement politique. Le refus de provoquer un débat sur les objectifs réels de l'Union européenne lors de la négociation du traité de Maastricht a été une erreur magistrale, car celle-ci reconnaissait que certains États n'avaient pas les mêmes droits et devoirs que les autres États membres.

Il eût fallu ensuite prendre conscience, lors de la négociation du traité de Maastricht en décembre 1991[1], alors que l'Europe ne comptait que douze membres ayant les mêmes niveaux de vie et des systèmes de protection sociale similaires, que l'intégration des politiques devait comporter un volet d'harmonisation du contrat social. En d'autres termes, c'est une contradiction mortelle que de laisser s'instaurer une concurrence fiscale et sociale au sein d'une union monétaire.

---

1. Le traité a été signé en février 1992 et mis en œuvre le 1er novembre 1993.

L'Europe qui résulte du traité de Maastricht est fondée sur une Union sans harmonisation sociale et fiscale[1]. La concurrence fiscale est inscrite dans le fonctionnement du marché unique européen et n'a pas été remise en cause dans le traité de Lisbonne[2] qui constitue la base institutionnelle du fonctionnement de l'Union européenne depuis le 1er décembre 2009.

Il eût fallu, à tout le moins, intégrer un socle minimum de dispositions préservant le

1. Le refus de toute harmonisation sociale est apparu au moment de l'affaire sur le projet de directive Bolkestein, gelé au sommet européen de Bruxelles le 22 mars 2005, avant les référendums sur le traité constitutionnel européen de mai en France et de juin 2005 aux Pays-Bas, le texte étant adopté ultérieurement. Si le texte adopté en 2006 retient l'application du droit du travail du pays membre aux travailleurs sur son territoire, il entérine le principe de concurrence par la non-harmonisation des règles sociales et par les coûts de main-d'œuvre. Un État membre peut ainsi conduire une politique de désinflation salariale compétitive sans avoir à rendre des comptes alors que la Commission sanctionnera un État dont le déficit public atteint 3,1 % du PIB.
2. Chaque pays peut fixer au niveau qu'il souhaite le taux de l'impôt sur les sociétés, le taux marginal de l'impôt sur le revenu, les taux de fiscalité sur les différents produits d'épargne, ou imposer ou supprimer toute imposition sur la fortune.

contrat social européen. Or le choix de la concurrence par les normes fiscales et sociales a été imposé par une alliance objective entre le Royaume-Uni et la Commission européenne.

Enfin, une intégration des politiques essentielles de souveraineté exige de définir des « frontières » de l'Union. Des frontières pas nécessairement physiques, mais politiques. Le refus de traiter la question des frontières alors que le processus d'intégration se veut apolitique est une recette suicidaire. L'intégration est un mariage dont les membres éventuels, sans processus politique d'entrée, sont inconnus à l'avance. Qui accepterait un tel contrat aveugle ?

Non seulement l'Union européenne n'a pas su imposer les mêmes règles à tous ses membres, mettre en place le socle de son contrat social et traiter la question des frontières, mais cette Union est fondée sur trois principes viciés : un processus apolitique, le refus de la puissance et des visions de l'avenir inconciliables.

UNE UNION AUX PRINCIPES VICIÉS : UN PROCESSUS APOLITIQUE

La construction européenne a été imaginée comme un processus essentiellement apolitique. Or l'évolution de l'Union à partir du traité de Maastricht devait conduire à « politiser » cette construction afin d'être en phase avec son changement de nature. Le fonctionnement bureaucratique de la construction européenne, avec sa culture du consensus, et une Commission européenne composée d'acteurs qui n'ont aucune légitimité politique directe (si ce n'est d'avoir été choisis par des gouvernements nationaux ou par un président de la Commission soumis aux demandes des gouvernements), le fonctionnement intergouvernemental du Conseil européen et du Conseil des ministres et la finalité imprécise de cette construction, tous ces éléments donnent un caractère lointain aux processus européens sur lesquels les citoyens n'ont pas de prise directe.

Il faudrait donc assumer le caractère très politique de l'Union en instaurant un processus de légitimation démocratique de ses responsables qui n'est pas à l'ordre du jour et qu'il est difficile de proposer dans une Union disparate dont les membres ont, depuis les élargissements postérieurs à 1995, des cultures politiques et des structures économiques hétérogènes. Dans ce contexte, on ne peut pas espérer un renforcement politique de l'Europe en construisant un État fédéral au niveau de l'Union à 27, car cela supposerait que ses objectifs aient été clarifiés et ses frontières précisées. De plus et surtout, seul un tout petit nombre de pays partagent les mêmes valeurs et les mêmes intérêts et pourraient s'accorder sur une union politique réelle.

UNE UNION AUX PRINCIPES VICIÉS : LE REFUS DE LA PUISSANCE

Ce premier principe vicié d'apolitisme bureaucratique est directement lié au second : le refus d'une politique de puissance. Dans un article récent[1], le directeur de l'Institut d'études de sécurité de l'Union européenne écrivait : « L'Union a pour fondement le rejet de la politique de puissance. [...] Ce fondement est le garant de sa survie. Si intérêt vital commun il y a, il consiste à préserver l'Union et avec elle son ambition de promouvoir le multilatéralisme à l'échelle de la planète. » Ce rejet de la politique de puissance pouvait sembler sans inconvénient quand il s'agissait d'harmoniser les normes techniques pour faciliter le commerce intra-européen ; il est suicidaire dans un monde en voie de hiérarchisation rapide. L'échec du

---

1. Alvaro de Vasconcelos, « L'Union européenne parmi les grandes puissances », *Commentaire*, n° 124, hiver 2008-2009.

sommet de Copenhague sur le climat en décembre 2009, au cours duquel l'Europe est apparue inexistante, ou l'incapacité de l'Europe à peser face au G2 constitué par les États-Unis et la Chine font apparaître l'inanité du modèle européen de « souveraineté partagée ».

L'Europe ne se fait pas dans le vide, mais au sein d'une économie mondiale en voie de hiérarchisation des puissances. Ce diagnostic est probablement le nœud indépassable de l'opposition entre ceux qui veulent une Europe structurée pour qu'elle s'impose face aux autres grandes puissances mondiales et ceux qui souhaitent une Europe déstructurée, zone de libre-échange ouverte à toutes les ambitions.

Si l'on conçoit que l'économie mondiale est dans une phase de hiérarchisation des puissances avec des stratégies de puissance très affirmées des États-Unis, de la Chine, de l'Inde, de la Russie, du Brésil, etc., il y a urgence absolue à doter l'Europe des moyens de s'imposer dans ce jeu mortel de classement des économies et des centres de décision économiques et politiques qui traduit essentiellement l'ordre des volontés. Car l'enseignement du dernier demi-siècle est que la volonté stratégique des hommes prime sur les moyens disponibles et que la puissance économique ne résulte qu'en partie des dotations de départ : c'est la volonté des acteurs, ordonnée selon un plan stratégique précis, qui fait la différence. L'essor des pays émergents, qui n'était pas anticipé il y a trente ans alors que la triade régnait sur le monde, illustre parfaitement ce principe. Et la façon dont l'Allemagne a reconstruit sa compétitivité depuis le milieu des années 1990 confirme le primat de la volonté dans l'échange et la création de richesses.

La bureaucratie européenne a un problème d'ordre psychanalytique avec le mot de « puissance ». Certes, c'est un terme ambigu qui subjugue l'esprit plus qu'il ne l'éclaire. Mais la puissance est un attribut nécessaire des nations ou fédérations qui veulent peser sur l'histoire[1].

Vouloir construire une puissance *positive, stratégique* et *efficace* est simultanément un objectif et un idéal louables. C'est une façon d'organiser ses moyens au service de ses convictions. Si le monde reste soumis à une logique de puissance, quel est le sens d'une politique qui organise l'impuissance ? En quoi cette politique d'impuissance est-elle juste ou morale, surtout dans un monde dont le processus de globalisation apparaît comme un mécanisme de hiérarchisation des puissances ?

L'Europe doit devenir une puissance positive, stratégique et efficace. Une puissance à la fois économique et militaire. Dans un discours

---

1. Lorsque la puissance se manifeste, elle peut viser à asseoir une domination sur les autres : c'est la volonté de puissance, pour contrôler le monde. Une puissance de signe négatif. La puissance peut aussi être au service d'une cause juste, c'est la puissance positive. Elle est dite *efficace* lorsqu'elle est capable de concevoir et de mettre en œuvre un plan d'action cohérent sur la longue durée. La puissance dite *stratégique* est le fruit d'une vision stratégique mise en œuvre efficacement sur la durée.

prononcé en juin 2010, le chef d'état-major des armées françaises, l'amiral Édouard Guillaud, a exprimé son inquiétude : « La question qui se pose est de savoir si les Européens vont réussir ou non à s'affirmer comme une puissance militaire. À moyen terme, on risque une démission de l'Europe qui deviendrait spectatrice au lieu d'être actrice de l'histoire[1]. »

Que le directeur de l'Institut d'études de sécurité de l'Union européenne écrive dans une revue intellectuelle prestigieuse que « l'Union a pour fondement le rejet de la politique de puissance » montre à quel point les responsables de l'Union européenne se trompent sur le monde. Cet aveu explique magistralement pourquoi l'Europe est impuissante dans le monde.

Ne rien comprendre au monde est une chose. Théoriser son impuissance en politique fondatrice de l'avenir est terrifiant ! Un multilatéralisme qui ignore les stratégies de puissance des États contemporains est une farce tragique.

---

1. *Le Figaro*, 3 juin 2010.

UNE UNION AUX PRINCIPES VICIÉS : DES VISIONS INCONCILIABLES

Le troisième principe vicié est celui d'une Union de membres qui ne partagent pas les mêmes objectifs sur la finalité de l'Union.

L'avenir de l'Europe se joue entre deux visions qui sont défendables, mais mutuellement inconciliables. D'un côté, il existe un *projet de zone de libre-échange sans limites géographiques*, intégrée à l'OTAN, sous contrôle stratégique américain. C'est à la fois le projet du Royaume-Uni qui, historiquement, ne veut ni s'intégrer à un éventuel État fédéral ni permettre qu'un tel État apparaisse car il pourrait menacer son indépendance[1], et le projet des États-Unis d'Amérique qui s'oppo-

---

1. On se souvient du discours de Winston Churchill à l'Université de Zurich, le 19 septembre 1946, dans lequel il souhaite une union régionale des peuples continentaux de l'Europe sous le contrôle de l'ONU, des États-Unis et du Commonwealth britannique !

sent à l'émergence d'un éventuel concurrent au plan mondial[1]. De l'autre, il existe un *projet conduisant à une Union d'États-nations*, fédérale ou confédérale, capable de mener une politique stratégique autonome, dans le cadre d'une alliance équilibrée avec les États-Unis américains. On peut douter qu'il y ait aujourd'hui une vraie volonté politique de le faire aboutir.

Ces deux visions font sens. Alors que s'instaure un nouvel ordre mondial autour de la rivalité croissante entre les États-Unis et la Chine, constituer une zone économique de quarante ou cinquante pays incluant l'Europe jusqu'à l'Oural et le bassin méditerranéen, organisée autour du principe d'un commerce libre obéissant à des normes communes sur les plans social et environnemental, et disposant d'immenses ressources naturelles, est

---

1. C'est la raison pour laquelle les États-Unis ont fortement pesé pour provoquer l'élargissement de l'Europe en 2002 et c'est pourquoi ils souhaitent que l'élargissement continue afin de créer un magma ingérable.

de nature à stabiliser les relations politiques internationales. On peut donc souhaiter l'élargissement de l'Europe dans une zone de libre-échange sans limites géographiques. Alternativement, si on pense qu'une union de l'Europe et du sud de la Méditerranée est politiquement difficile à concevoir et à mettre en œuvre, on peut réserver l'Union européenne aux seuls pays européens et fortement développer l'Union pour la Méditerranée.

Vouloir, par ailleurs, renforcer les capacités d'action stratégique de quelques pays continentaux ouest-européens est également souhaitable pour que l'Europe puisse peser sur les grands équilibres mondiaux. Et ce d'autant plus que les États-Unis n'ont plus ni le désir ni les moyens d'assumer la défense de l'Europe comme le démontrent les annonces faites en janvier 2012 par le Pentagone conduisant à diviser par deux le nombre déjà réduit de soldats américains en Europe.

On ne peut toutefois atteindre deux objectifs incompatibles avec un seul instrument – l'Union européenne. Il convient donc de clarifier le rôle de l'actuelle Union. Si elle est destinée à se transformer en zone de libre-échange sans limites géographiques, alors, il ne faut pas la doter de pouvoirs politiques inopérants. Et il faut également s'assurer que l'Union sans limites permette l'émergence, en son sein, d'un État confédéral entre quelques pays membres.

À force de ne pas choisir entre ces deux visions, l'Europe se noie dans une confusion d'objectifs qui a conduit en 2005 aux rejets français et hollandais d'un projet de traité constitutionnel consacrant l'impuissance stratégique de l'Union européenne. Le traité de Lisbonne[1], qui reprend l'essentiel des dispositions du traité constitutionnel rejeté en 2005, donne l'impression de renforcer certains mécanismes institutionnels de l'Union. Or,

---

1. Traité de décembre 2007, entré en vigueur le 1er décembre 2009.

parce qu'il ne résout pas les contradictions entre des visions opposées de l'avenir de l'Union, ce nouveau traité exacerbe ces contradictions.

L'échec de la « stratégie de Lisbonne » (qui ne doit pas être confondue avec le récent traité de Lisbonne) illustre jusqu'à la caricature les blocages européens. Adopté par le Conseil européen de mars 2000, ce plan visait à faire de l'Union européenne à l'horizon de 2010 « l'économie de la connaissance la plus compétitive et la plus dynamique du monde, capable d'une croissance économique durable accompagnée d'une amélioration quantitative de l'emploi, d'une plus grande cohésion sociale et d'un respect de l'environnement ». Il s'agissait notamment d'investir massivement dans l'enseignement supérieur et la R&D pour développer de nouveaux produits et services dans l'économie de la connaissance à forte intensité technologique, tout en augmentant la concurrence et la flexibilité au sein du marché unique européen.

Cette stratégie se proposait de résorber quatre déficits : un déficit de niveau de vie, notamment par comparaison avec les États-Unis ; un déficit de travail mesuré par le taux d'emploi ; un déficit de productivité ; et un déficit de « durabilité » ou de « soutenabilité » de la croissance. Cette stratégie a échoué. Le niveau de vie relatif des habitants de l'Union européenne par rapport à celui des Américains a régressé dans les années 2000 tandis que la croissance européenne est devenue très faible au début des années 2010.

Le fait que l'Union européenne se donne des objectifs ambitieux sans pouvoir les mettre en œuvre a contribué à décrédibiliser la construction européenne. De plus, appeler continuellement au niveau européen à plus de concurrence et de flexibilité sur les marchés sans pouvoir contribuer à accélérer la croissance de l'Union (et particulièrement de la zone euro) conduit à favoriser un rejet de la construction européenne par les peuples fondateurs.

En l'absence d'un choix explicite sur la nature de l'Union à construire et alors que la construction européenne paraît être un facteur supplémentaire d'incertitude plutôt qu'un réducteur d'incertitude, l'Europe évolue vers un magma qui n'est qu'un ventre mou du monde, tandis que se renforcent les grandes nations non européennes engagées dans des projets structurés de développement. Même sur des projets stratégiques bien identifiés, comme Galileo, un système de géolocalisation, l'accord de lancement n'est intervenu qu'au début décembre 2007, avec cinq ans de retard par rapport aux projets initiaux, l'Allemagne insistant violemment pour obtenir le maximum de retombées industrielles sur son territoire. Le retard de cinq ans est d'autant plus insupportable que les Américains perfectionnent activement leur GPS, tandis que Russes et Chinois développent leur propre système. Or des centaines de milliers d'emplois sont en jeu dans les applications possibles de ce système de radionavigation.

C'est ainsi, par l'effet de l'absence de réel projet stratégique de développement, que l'Europe est devenue une zone de non-croissance relative dans un monde en pleine expansion. La part relative des grands blocs économiques évolue très vite. L'Europe est en voie de marginalisation au plan mondial. En 2010, le PIB des États-Unis, mesuré en parité de pouvoir d'achat (PPP), représentait 19,7 % du PIB mondial, celui de la zone euro 14,6 % et celui du Japon 5,8 %, contre 13,6 % pour la Chine et 5,4 % pour l'Inde. Au rythme actuel de croissance, le PIB des pays émergents et en voie de développement devrait s'établir au même niveau que celui des pays avancés en 2013. À l'intérieur de l'ensemble des pays avancés, le PIB de la zone euro devrait rapidement tendre vers la moitié du PIB américain en PPP (contre les trois quarts aujourd'hui).

LA CRISE DE LA ZONE EURO

Deux thèses s'affrontent sur l'euro.

Certains pensent que la mise en place d'un Mécanisme européen de stabilité (MES[1]) ayant une capacité de prêt de 500 milliards d'euros au 1er juillet 2012, pour remplacer l'actuel Fonds européen de stabilité financière de 440 milliards d'euros qui continuera de porter les 300 milliards d'euros de crédits déjà octroyés, et la réforme du Pacte de stabilité et de croissance (PSC) pour le rendre plus contraignant, avec un « pacte pour l'euro plus » comprenant des réformes de compétitivité, vont suffire à pérenniser la zone euro telle qu'elle est. Par décision des ministres des Finances de la zone euro le 30 mars 2012, la capacité d'action des fonds européens a été fixée à 800 milliards d'euros.

---

1. Le MES a un capital autorisé de 700 milliards d'euros et ses principaux actionnaires sont l'Allemagne (27,15 %), la France (20,39 %), l'Italie (17,91 %) et l'Espagne (11,90 %). Les dix-sept pays membres de la zone euro détiennent 100 % du capital.

D'autres pensent que la stagnation actuellement imposée aux pays du sud de la zone rend impossible un retour à la croissance qui permettrait seul de rembourser les dettes. L'adoption de la « règle d'or » lors du sommet européen du 9 décembre 2011, qui vise à l'équilibre des finances publiques, est une bonne chose en soi, à condition qu'un budget fédéral de la zone euro soit mis en place pour faire face aux crises futures. Or une telle capacité d'action fédérale n'est même pas discutée.

Quel est le problème fondamental de la zone euro ? C'est une zone aujourd'hui cassée en deux. Non seulement ce n'est pas une zone monétaire optimale, mais elle n'est pas dotée d'un gouvernement économique avec un budget fédéral opérant des transferts automatiques entre les pays en bonne santé et les autres, ainsi que ce mécanisme fonctionne aux États-Unis grâce au puissant budget fédéral qui dépasse le cinquième du PIB américain. De plus, et surtout, la zone a divergé avec deux groupes de pays ayant des performances opposées, comme il est clairement ressorti de la dégradation de la note de neufs pays européens, dont la France, par l'agence de notation Standard & Poor's le vendredi 13 janvier 2012 : le premier, centré autour de l'Allemagne, a choisi il y a douze ans un modèle de développement économique fondé sur l'industrie et l'exportation, qui produit des excédents extérieurs de 4 % du PIB ; le second, centré sur la France, l'Italie et l'Espagne, a opté pour un modèle fondé sur la consommation et les loisirs qui donne des déficits extérieurs compris entre 2 et 4 % du PIB. En France, qui plus est, la consommation est tirée par une dépense publique financée par le déficit, c'est-à-dire l'emprunt. Le point clé est que la moitié des excédents de la zone nord se fait au détriment de la zone sud. Or l'approche officielle pour traiter les déséquilibres de la zone euro consiste à demander à la zone sud d'adopter le modèle exportateur de la zone nord. C'est évidemment un projet fou alors même que la zone sud n'est plus compétitive au-delà de 1,15 dollar après dix années de désindustrialisation accélérée, notamment en France. Supposons néanmoins que la zone sud parvienne à se réindustrialiser. Non seulement se fermeraient les marchés actuels de la zone nord, mais l'ensemble de la zone serait fortement exportateur, ce qui exigerait, avec une Asie également excédentaire, des déficits extérieurs croissants des États-Unis qui accentueraient la chute du dollar. Il y a donc une impossibilité technique à réussir la mise en œuvre de l'approche des autorités officielles de la zone euro.

L'avenir de la zone euro est sombre.

POURQUOI RECONSTRUIRE
LA PUISSANCE EUROPÉENNE ?

Dans un monde en voie de hiérarchisation rapide des puissances, construire une *puissance positive durable* est tout simplement vital. Pour atteindre cet objectif, le pouvoir politique de l'Union aurait dû favoriser l'essor des entreprises européennes dans le cadre du monde global en réseau qui se constitue sous nos yeux depuis vingt ans. L'Europe a été incapable de mettre en place une *économie entrepreneuriale de la connaissance* et à faire émerger des *métropoles modernes de rang mondial*[1].

Cette architecture économique de la planète est la dernière métamorphose de ce que Fernand Braudel nomme l'économie-monde[2], c'est-à-dire l'économie mondiale organisée autour d'un pôle ou d'un centre et partagée en zones successives d'influence du centre vers la périphérie. Braudel, qui a observé la distinction entre l'économie de marché et le capitalisme marchand dans la période préindustrielle, a noté que c'est l'action à long terme des entreprises qui hiérarchise l'économie-monde. Chaque fois qu'il y a un décentrage

---

1. Sur ces questions, voir *L'Incohérence française*, *op. cit.*
2. Fernand Braudel, *La Dynamique du capitalisme*, Flammarion, 1988.

de l'économie-monde, un recentrage s'opère. Ces transferts de centres du pouvoir sont rares et d'autant plus importants. Selon lui, « dans le cas de l'Europe et des zones qu'elle s'annexe, un centrage s'est opéré vers les années 1380, au bénéfice de Venise. Vers 1500, il y a une saute brusque et gigantesque de Venise à Anvers, puis vers 1550-1560, un retour à la Méditerranée, mais en faveur de Gênes, cette fois ; enfin vers 1590-1610, un transfert à Amsterdam, où le centre économique de la zone européenne se stabilisera pour presque deux siècles. Entre 1780 et 1815, il se déplacera vers Londres. En 1929, il traverse l'Atlantique et se situe à New York[1] ».

---

1. Braudel lève au passage une ambiguïté : « Pour Max Weber, le capitalisme, au sens moderne du mot, aurait été ni plus ni moins une création du protestantisme ou, mieux, du puritanisme. Tous les historiens sont opposés à cette thèse subtile, bien qu'ils n'arrivent pas à s'en débarrasser une fois pour toutes ; elle ne cesse de resurgir devant eux. Et pourtant, elle est manifestement fausse. Les pays du Nord n'ont fait que prendre la place occupée longtemps et brillamment avant eux par les vieux centres capitalistes de la Méditerranée. Ils n'ont rien inventé, ni dans la technique ni dans le maniement des affaires. Amsterdam copie Venise, comme Londres copiera Amsterdam, comme New York copiera Londres. »

Le monde se recentre aujourd'hui sur le bassin pacifique.

La question stratégique concernant l'économie-monde hiérarchisée par les dynamiques d'entreprises s'énonce clairement : cela fait-il une différence d'être au centre ou à la périphérie ? Braudel répond : « La splendeur, la richesse, le bonheur de vivre se rassemblent au centre de l'économie-monde, en son cœur. C'est là que le soleil de l'histoire fait briller les plus vives couleurs, là que se manifestent les hauts prix, les hauts salaires, la banque, les marchandises "royales", les industries profitables, les agricultures capitalistes [...]. Toute une modernité économique en avance s'y loge : le voyageur le remarque qui voit Venise au XVe siècle, ou Amsterdam au XVIIe siècle, ou Londres au XVIIIe siècle, ou New York aujourd'hui. Les techniques de pointe sont là aussi, et la science fondamentale est avec elles. Les "libertés" s'y logent, qui ne sont pas entièrement des mythes et pas entièrement des réalités. Songez à ce que l'on a appelé la liberté de la vie à Venise, ou les libertés en Hollande, ou les libertés en Angleterre ! »

C'est bien dans le bassin pacifique que s'organisent aujourd'hui les nouveaux équilibres de richesses et de création de produits. L'Europe se met en marge du monde nouveau !

Le choix de la puissance positive, de la prise de risque entrepreneuriale et de la croissance durable dans la recherche de l'excellence individuelle et collective n'est donc pas principalement économique : il s'agit, en réalité, du choix de la responsabilité, du long terme, du respect de l'environnement et plus fondamentalement encore, de la liberté des hommes.

Il n'y aura ni richesse économique, ni solidarité sociale et surtout ni liberté si l'Europe, d'ici 2020, ne clarifie pas ses objectifs et les moyens de les atteindre.

Chapitre 2

Pour une Europe politique

L'Europe s'est voulue apolitique. Monstrueux ventre mou, elle a refusé de se doter de capacités d'action pour peser sur les équilibres du monde.

Il est apparu que deux visions animent le projet européen : celle d'une Europe fédérale resserrée et celle d'une zone de libre-échange largement ouverte au monde euroméditerranéen. Ces deux visions peuvent être conciliées, car le noyau dur fédéral peut opérer dans l'ensemble euroméditerranéen.

Il faut toutefois trouver d'abord une solution à la crise de l'euro.

RÉSOUDRE LA CRISE DE L'EURO

La zone euro comprend deux sous-groupes de pays aux performances divergentes. L'Allemagne conduit un sous-groupe de pays ayant adopté un modèle industriel exportateur qui produit des excédents extérieurs considérables. La France a choisi un modèle de consommation alimenté par une dépense publique à crédit, comme d'autres États du Sud, qui donne des déficits extérieurs élevés[1].

La zone euro est viciée par trois failles majeures.

• Elle ne s'est pas dotée d'un souverain politique, alors que l'histoire, depuis trois mille ans qu'a été inventée la monnaie, enseigne que la monnaie est toujours la marque d'un souverain quelle que soit sa forme, prince ou président. En effet, la monnaie, le droit et la puissance militaire sont les

---

1. Pour une étude complète du modèle français de croissance à crédit, voir *L'Incohérence française, op. cit.*

trois facettes de la souveraineté politique. La monnaie est la marque visible de l'indépendance juridique et de l'indépendance politique sur un territoire. Le droit fixe les règles de la vie commune sur un territoire, l'armée qui garde les frontières garantit la liberté des citoyens dans le périmètre qu'elles fixent, et la monnaie est l'intermédiaire légal de l'échange qui fonde la prospérité. C'est pourquoi il n'y a pas d'exemple de divorce durable entre souveraineté monétaire et souveraineté politique : une zone monétaire rassemblant plusieurs pays indépendants finit toujours par éclater ou par s'unir politiquement. En voulant ignorer ce principe fondamental, l'euro prétend marcher sur l'eau sans être d'essence divine : il a déjà de l'eau jusqu'aux genoux !

• Elle est devenue économiquement hétérogène. L'hétérogénéité de spécialisation est la marque normale des unions monétaires dans la mesure où elles conduisent chaque acteur économique et chaque province à se spécialiser dans ce en quoi ils excellent. Or, dans l'immédiat, ce n'est pas de l'hétérogénéité de spécialisation dont souffre le plus la zone euro, mais de l'hétérogénéité de modèle économique. Alors que la mise en place de l'euro aurait dû conduire chaque pays membre à mener une politique rigoureuse de compétitivité, les pays du Nord, autour de l'Allemagne ont fait ce choix quand les pays du Sud ont choisi de consommer plus qu'ils ne produisaient. La Fontaine nous guide : les pays du Nord sont devenus des fourmis quand les pays du Sud, initialement enivrés de la possession de l'euro, sont devenus cigales. La Fontaine décrit ce que nous vivons aujourd'hui, les fourmis refusant de payer pour les cigales.

• La prise de décision est soumise à la règle de l'unanimité. Non seulement on a prétendu faire coexister une monnaie et plusieurs souverains, mais, pour corser le tout, chaque souverain peut bloquer toute décision et donc, par exemple, la Slovaquie faire patienter la France et l'Allemagne à sa porte lors de la prise de décisions essentielles pour la survie de la zone euro. Cette recette suicidaire conduit à la paralysie de la zone.

La monnaie est un concept fascinant. Elle n'a été inventée qu'il y a trois mille ans, et c'est un concept probablement aussi énigmatique que celui de Dieu, alors qu'il n'y a rien qui symbolise davantage le matérialisme. Si je mets un billet de 200 euros sur la table, à peu près tout le monde sera d'accord pour dire qu'il vaut 200 euros. Or ce billet vaut vraisemblablement un centime à produire. Nous pensons tous qu'il vaut 200 euros en pouvoir d'achat, et nous sommes assez confiants pour penser que si nous allons chez un marchand de chaussures pour acheter une paire de chaussures à 120 euros, non seulement ce commerçant nous donnera la paire de chaussures, mais il nous rendra 80 euros. La monnaie est fondée purement et simplement sur la foi, sur le fait que tout le monde acceptera qu'un billet de 200 euros vaille 200 euros. Il suffirait que quelqu'un le dénonce pour que cela commence à poser problème.

Nous sommes au cœur du sujet. Qu'est-ce, en effet, que la crise de l'euro ? C'est une crise de la représentation de ce que doit être l'euro. Tant que vous pensiez que l'euro était une monnaie forte, il n'y avait pas de problème ; mais à partir du moment où vous pensez que l'euro est une monnaie faible, des questions se posent. Quand les monnaies ont été créées, il y a trois mille ans, il s'agissait toujours de l'acte d'un souverain posant son sceau sur la monnaie. Sans aller trop loin, on peut remarquer que beaucoup de gens se sont interrogés sur le fait qu'il n'y ait sur les euros que des ponts ou des routes – qui d'ailleurs se finissaient dans le vide –, et non pas des personnages réels : c'est peut-être un symptôme qui témoigne de la réalité d'un problème. Une chose est sûre : l'euro ne durera pas sans l'affirmation d'un souverain posant son sceau sur cette monnaie ! Ce souverain peut prendre plusieurs formes évolutives, mais il doit toujours avoir un « visage ».

Dans ce contexte, *deux solutions rationnelles s'offrent à nous*. Soit la création d'une fédération économique de pays quittant ensemble la zone euro, soit une division en deux de la zone.

L'éventuelle fédération se doterait d'un « souverain » économique décidant à la majorité qualifiée tandis qu'une *règle d'or d'équilibre des comptes publics* obligerait chaque État à une gestion rigoureuse. De plus, le « souverain » économique – Conseil fédéral et ministre fédéral de l'Économie – suivrait de près l'évolution de la balance courante des paiements de chaque pays de la zone pour s'assurer qu'il n'y a pas de déséquilibres majeurs en train d'apparaître dans la conduite de la demande interne de chaque pays et de l'ensemble de la zone. Si une fédéralisation s'avérait impossible, il faudrait acter la différenciation des insectes européens en fourmis et cigales par une séparation des deux familles de la fable européenne.

La fédéralisation de la zone pourrait s'opérer à douze pays (Allemagne, France, Italie, Espagne, Autriche, Pays-Bas, Belgique, Portugal, Luxembourg, Slovénie, Slovaquie et Malte), soit un ensemble politiquement homogène de pays ayant les mêmes valeurs et les mêmes intérêts et pouvant accepter une prise de décision commune à la majorité qualifiée. Ces pays s'accorderaient sur des règles fiscales et sociales minimales et décideraient de mettre en place un budget fédéral, qui atteindrait rapidement 3 % du PIB de la Fédération économique. Ce budget financerait des infrastructures communes et des politiques de compétitivité par l'innovation, la R&D et la formation. Ces douze pays sortiraient ensemble de la zone euro en créant un euro fédéral. Les cinq pays non retenus[1], ne représentant que 6 % du PIB de la zone, sont soit

____

1. Grèce, Chypre, Finlande, Irlande et Estonie.

des pays qui bénéficieraient du décrochage de l'euro par rapport au nouvel euro fédéral, soit des pays ne partageant pas l'objectif de fédéralisation avec des décisions prises à la majorité qualifiée.

Dans ce qui suit, nous employons le mot de « fédération » dans les domaines économique et monétaire, sachant que les pays concernés constitueraient une simple « confédération » politique dans les autres domaines de l'action publique. Le signifié du terme « fédération économique et monétaire » est le suivant : les pays membres ont un seul et même gouvernement économique consistant à optimiser le *policy mix* de la zone, c'est-à-dire à optimiser la conduite conjointe de la politique monétaire, de la politique budgétaire et de la politique de change, au service de la croissance durable de la zone la plus forte possible. Les décisions sont prises à la majorité, simple ou qualifiée, afin de bien gérer les intérêts moyens de la zone ; il s'agit donc d'exclure les décisions à l'unanimité qui donnent un pouvoir de veto aux plus petits membres au détriment de l'intérêt général. L'objectif est de permettre l'essor de tous, et de ne pas permettre que certains membres de la zone « fédérale » mènent une politique prédatrice, par la concurrence fiscale et sociale, à l'encontre des autres.

Cette Fédération économique européenne aurait un excédent de sa balance courante et un ratio de dette sur PIB de 85 %. Son déficit public aurait été inférieur à 4 % du PIB en 2011, soit moitié moins qu'aux États-Unis et au Royaume-Uni, et tendrait vers 2 % du PIB en 2013. Un programme ambitieux d'infrastructures communes compenserait les effets récessifs de la consolidation budgétaire dans les pays du Sud. En sortant de la zone euro et en s'accordant sur un traité fédéral de coopération en dehors de l'Union européenne, ces pays échapperaient à la tutelle d'une bureaucratie européenne inepte et aux conséquences désastreuses du traité de Maastricht, le primat de la concurrence fiscale et sociale étant brisé au sein de la Fédération à douze pays. De plus, la Fédération serait en mesure d'y mettre progressivement fin au sein de l'Union européenne à vingt-sept pays. Cette Fédération économique, qui rassemblerait essentiellement la France et les pays de l'ancien Empire romain germanique, serait l'amorce d'États-Unis d'Europe au sein d'une Union européenne qui pourrait alors s'élargir massivement à l'est et au sud. Cette Fédération, qui serait instantanément la deuxième puissance économique du monde, deviendrait un acteur stratégique mondial en mesure de stabiliser la situation géopolitique internationale. Cette solution est totalement cohérente sur le triple plan économique, politique et stratégique. Nous verrons comment elle peut advenir.

L'autre solution est une sortie de la zone euro des huit pays ayant un excédent de balance courante en 2011 pour former une zone nord de l'euro : Allemagne, Pays-Bas, Autriche, Belgique, Finlande, Estonie, Irlande et Luxembourg. Resteraient dans la zone euro les neuf pays ayant une balance courante déficitaire ou des liens forts avec les pays déficitaires : France, Italie, Espagne, Portugal, Slovénie, Slovaquie, Chypre, Malte et Grèce. Même si cette séparation entre fourmis et cigales serait politiquement dangereuse, on peut imaginer que les risques politiques conduisent justement à une *séparation ordonnée et négociée*. L'euro nord s'apprécierait significativement par rapport à l'euro sud et pourrait être stabilisé à 1,25 euro sud dans un premier temps, les pays de la zone sud devant significativement renforcer leur ajustement budgétaire. Un nouvel axe franco-allemand assurerait la coordination politique entre les deux zones. Au moment de la séparation, la zone nord représenterait 39 % de la population et 45 % du PIB de la zone euro, et aurait un excédent de sa balance courante de 4 % de son PIB et, corrélativement, la zone sud représenterait 61 % de la population et 55 % du PIB de la zone euro et aurait un déficit de sa balance courante de 3,5 % de son PIB (chiffres 2011). On ne sera pas surpris de constater que la part de l'industrie dans le PIB atteint 20,5 % dans la zone nord et seulement 15,5 % dans la zone sud, attestant du lien très fort entre puissance industrielle et situation des comptes extérieurs. La fourmi de La Fontaine était « industrieuse », elle est aujourd'hui industrielle !

Cette deuxième solution n'a pas ma préférence car elle est essentiellement technique et n'apporte que peu de bienfaits politiques et stratégiques, ces derniers dépendant de la capacité de la France et de l'Allemagne à nouer un partenariat stratégique solide. Néanmoins, cette solution serait efficace, y compris du point de vue des intérêts français. Si la France opère, au moment de la cassure, un ajustement budgétaire significatif et s'assure que la Banque centrale de la zone sud, installée à Paris, conduit une politique anti-inflationniste raisonnable, elle deviendrait le leader de cette zone. La dévaluation de l'euro sud serait suffisante pour relancer fortement nos exportations dans le contexte d'une politique favorisant l'essor de nos entreprises. Si la situation politique continuait de se dégrader en Grèce et à Chypre, les sept autres pays de la zone sud pourraient quitter la zone sud et créer un euro latin dans le cadre d'une confédération politique leur permettant de préserver leurs intérêts économiques et politiques. La forte chute de l'euro sud, alors monnaie de la Grèce et de Chypre, permettrait de régler élégamment la crise de la dette grecque.

En effet, l'accord du 21 février 2012, qui a alloué une enveloppe de 237 milliards d'euros pour éviter à la Grèce une faillite suivie d'une sortie de la zone euro, fait bien ressortir l'extrême fragilité de la situation de ce pays. Les banques et assurances doivent renoncer à 107 milliards de créances sur la Grèce, soit 53,5 % de leurs investissements, tandis que les autres pays de la zone doivent, avec une petite participation du Fonds monétaire international, accorder un nouveau prêt de 130 milliards d'euros, dont 30 milliards seront utilisés sous forme de garanties aux créanciers privés et 30 milliards serviront à recapitaliser les banques grecques. En dépit de ce prêt massif et de l'échange réussi des créances bancaires le 12 mars 2012, la récession devrait continuer dans ce pays pour quelques trimestres. (Notons que la crise de la zone euro coûte déjà plus de 50 milliards d'euros à la France : 40,8 milliards d'euros de prêts et garanties accordés à la Grèce et 9,5 milliards de garanties octroyés à l'Irlande et au Portugal *via* le Fonds européen de stabilité financière. Les aides à la Grèce totalisent 310 milliards d'euros, sur une dette de 370 milliards d'euros à fin 2011. Une somme de 73 milliards d'euros a été déboursée au titre du premier plan de mai 2010 sur les 110 prévus. Avec le nouveau plan de 237 milliards, on atteint le montant de 310 milliards d'euros. Avec l'effacement effectif de 107 milliards d'euros de créances privées, et avec des aides de 13 milliards d'euros venant des banques centrales, la dette grecque pourrait tomber autour de 250 milliards d'euros à la mi-2012. Le PIB de la Grèce devrait être de 210 milliards d'euros en 2012 selon Eurostat.)

Ces scénarios ne seraient pas modifiés si la Slovaquie et la Slovénie préféraient intégrer la zone nord au moment de la division de la zone euro entre nord et sud. La Confédération latine n'en serait que politiquement plus cohérente.

DE L'EURO À L'EUROPE

Il apparaît que la solution de la crise de l'euro réside soit dans la fédéralisation d'une partie de la zone, soit dans son éclatement entre cigales et fourmis. Telle est l'analyse économique qui semble s'imposer. Cependant, l'économie politique se résume-t-elle à la logique comptable ?

On conçoit généralement l'économie comme la résultante de forces structurelles qui s'imposent d'elles-mêmes dans un déterminisme des structures qui sied au communisme comme au « marchéisme ». C'est oublier que ce sont les acteurs qui font l'histoire. Rien n'est écrit à l'avance. Sinon la Chine n'aurait pas décollé du cauchemar maoïste et la Corée du Sud resterait empêtrée dans ses rizières plutôt que de dominer de larges pans de l'industrie mondiale. En réalité, l'économie est le fruit de l'effort conduit selon un projet mené par des hommes dans le cadre d'un État de droit. Un projet qui donne chair à une espérance portée par ces hommes. Le marché n'est qu'un instrument d'allocation des ressources par la rencontre d'une offre et d'une demande qui détermine un prix pour l'échange.

Or la Fédération économique des douze pays évoqués ci-dessus est une réponse cohérente à la double crise de l'euro et de la construction européenne. Non seulement elle fait disparaître instantanément la crise de l'euro, mais elle crée un géant stratégique mondial. Elle fait disparaître la crise de l'euro car les douze États économiquement fédérés, ayant chacun adopté la *règle d'or d'équilibre des comptes publics*, garantiraient les dettes des États membres respectant scrupuleusement cette règle d'or. La Banque centrale de la Fédération assurerait la liquidité de la dette de ces États sur la base de la *règle d'or des taux d'intérêt* qui veut qu'un État ayant des comptes équilibrés emprunte avec un taux d'intérêt réel à long terme égal à son taux de croissance. La Fédération constituerait une union bancaire intégrée dotée d'un seul superviseur bancaire. De même, ses marchés financiers seraient immédiatement soumis aux mêmes règles et aux mêmes autorités fédérales de contrôle. L'euro fédéral deviendrait rapidement une monnaie très recherchée.

De façon immédiate, face à la crise économique que traverse l'Europe en 2012, la Fédération pourrait mettre en place un plan de relance de 300 milliards d'euros sur trois ans pour relancer la croissance en planifiant un effort massif d'investissements de rénovation et d'extension des infrastructures physiques (transports, énergie et grands réseaux) et numériques des pays membres de la Fédération. Ce plan devrait contribuer à une véritable politique d'économie d'énergie par l'isolation des bâtiments existants et la construction de bâtiments à énergie positive.

Les pays adoptant l'euro fédéral créeraient une *Fédération économique et monétaire* en prenant trois séries d'engagements :

• Instaurer des minima fiscaux et sociaux entre eux (par exemple, pour la fiscalité, s'engager à ne pas baisser le taux de l'impôt sur les sociétés et le taux de fiscalité de l'épargne au-dessous de 20 % et mettre en place une fiscalité sur les plus-values avec un taux au moins égal à 15 % et, par exemple, pour le social, adopter des règles de formation et de protection minimales des salariés).

• S'interdire des déficits structurels, pour chaque État membre de cette Fédération, supérieurs à 0,5 % du PIB (*règle d'or d'équilibre des comptes publics*) avec un ministère fédéral de l'Économie et des Finances en charge de faire respecter ces engagements en se substituant aux États nationaux défaillants pour gérer leurs budgets le temps nécessaire au rétablissement des équilibres (le ministère fédéral gère les soldes des finances publiques par des plafonds de dépense ou des objectifs de recette sans s'immiscer dans la nature des dépenses et des impôts qui reste de responsabilité nationale).

• Mettre en place un budget spécifique à cette zone atteignant rapidement 3 % du PIB de la zone pour financer des infrastructures, de la R&D et des politiques de compétitivité par l'innovation, ainsi que la mise en place d'un tissu d'universités fédérales. C'est ce budget fédéral qui pourrait être financé partiellement par des *eurobonds* (obligations européennes). L'essentiel des ressources du budget fédéral proviendrait d'impôts fédéraux sur les revenus des particuliers et les bénéfices des entreprises et sur la consommation. Le budget fédéral serait soumis à la *règle d'or d'équilibre des comptes publics* sauf en cas de « crise majeure ». La situation de « crise majeure » devra être attestée par un vote à la majorité qualifiée (voir ci-après) du Conseil des chefs d'État et de gouvernement de la Fédération.

De plus, toutes les décisions au sein de la Fédération seraient prises à la majorité qualifiée. Une décision serait acquise à la *majorité qualifiée* si au moins deux tiers des États membres rassemblant les deux tiers de la population la soutiennent.

Alors qu'un pays faible ne peut pas quitter la zone euro car sa nouvelle monnaie se dévaluerait tandis que sa dette resterait en euros, l'euro fédéral s'apprécierait par rapport à l'euro actuel qui resterait la monnaie des cinq pays non inclus dans l'euro fédéral. L'euro actuel verrait sa valeur baisser significativement, ce qui favoriserait la solution des difficultés des cinq membres de la zone euro non fédérale. On peut aussi laisser à ces cinq pays l'option de rejoindre la Fédération économique en acceptant les règles précédentes. Ceux qui n'entreraient pas dans la Fédération conserveraient l'euro actuel et le bénéfice des mécanismes actuels de protection (Mécanisme européen de stabilité). On peut imaginer que la Finlande et l'Estonie veuillent faire partie du groupe fondateur, ce qui suppose que ces pays renoncent à la règle de l'unanimité dans la prise de décision. L'Irlande refuserait certainement de rejoindre la Fédération par refus des minima fiscaux (on peut imaginer de lui laisser quelques années pour adopter le taux d'impôt sur les sociétés de 20 % à condition qu'elle accepte tous les autres minima fiscaux et sociaux). La Grèce et Chypre ne doivent surtout pas rejoindre la Fédération afin de regagner en compétitivité.

Il faut surtout comprendre que la nouvelle Fédération économique et monétaire deviendrait immédiatement la deuxième puissance économique du monde, la première puissance commerciale et industrielle du monde et un géant politique capable de peser face à la Chine et aux États-Unis. En effet, le PIB de la Fédération européenne atteindrait les trois quarts du PIB américain et une fois et demie le PIB de la Chine (en valeur de marché).

Le traité instituant la Fédération serait conclu en dehors du traité de Lisbonne afin de donner toutes les marges de manœuvre possibles au nouvel acteur politique, enfin capable de mener des politiques stratégiques et de conclure des alliances politiques avec les autres grands acteurs mondiaux. Le traité européen sur la règle d'or, signé le 2 mars 2012 par vingt-cinq des vingt-sept pays membres de l'Union européenne (hors Royaume-Uni et République tchèque), ouvre la voie juridique à une fédération à périmètre réduit. En effet, ce traité intitulé « Traité sur la stabilité, la coordination et la gouvernance dans l'Union économique et monétaire » (TSCG) entrera en vigueur lorsqu'il aura été ratifié par au moins *douze* États membres de la zone euro. Les pays européens sont donc en mesure de signer des traités ne concernant pas tous les membres de l'Union européenne.

Cette Fédération, une fois créée à douze, quatorze ou quinze, serait ouverte aux autres pays de l'Union européenne acceptant les règles de la Fédération à condition que leur candidature soit soutenue par les trois quarts des États membres de la Fédération rassemblant les trois quarts de la population de la Fédération (*règle d'admission*).

RÈGLE D'OR ET BUDGET FÉDÉRAL

Les pays membres de l'Union européenne ont signé le 2 mars 2012 un traité pour mettre en œuvre un *Pacte de discipline budgétaire* instaurant une règle d'or et des procédures de discipline budgétaire au sein de l'Union (TSCG). Les vingt-cinq signataires se sont engagés à maintenir le déficit public structurel à moins de 0,5 % du PIB avec un mécanisme automatique de correction. Cette règle d'or devra être constitutionnalisée.

Ce traité serait une avancée significative si les États européens avaient prévu la mise en place d'un budget de la zone euro et une politique concomitante de relance selon les lignes précédemment évoquées. En l'absence de ces éléments clés, les Européens construisent un tabouret à un seul pied dont on conçoit bien qu'il ne tiendra pas facilement debout.

Pour bien le comprendre, faisons une comparaison entre la zone euro constituée de dix-sept États membres et les États-Unis de cinquante États fédérés. Quarante-neuf de ces cinquante États ont intégré une règle d'or dans les textes régissant leurs finances publiques. C'est une heureuse disposition, comme en Europe, si ce n'est que les États-Unis disposent d'un puissant État fédéral dont le budget dépasse le cinquième du PIB américain et qui sert à contrer les crises économiques qui frappent régulièrement une économie de marché, cyclique par nature. Or les États de la zone euro se dotent d'une règle d'or sans prévoir l'étage fédéral capable de faire face aux crises économiques actuelle et futures. C'est une pure folie en termes de conduite de la politique économique. La zone euro sera corsetée jusqu'à l'impuissance rendant encore plus probable la cassure de la zone décrite ci-dessus. Dans ses prévisions économiques du 23 février 2012, la Commission européenne anticipe un recul du PIB de la zone euro de 0,3 % en 2012. La zone euro a plus que jamais besoin d'un étage d'action économique fédérale.

La règle d'or sans l'étage fédéral est une recette suicidaire.

La règle d'or avec un étage fédéral, capable de contrer les crises économiques inhérentes à un système économique cyclique et de mener une politique de relance dans la crise actuelle, est *la* solution à la crise européenne.

Confondre un nécessaire gouvernement économique dans une Fédération économique et monétaire avec une gouvernance punitive aveugle est aussi tragique que de confondre le paradis et l'enfer. La crise européenne ne peut que rebondir jusqu'à ce que la solution pragmatique décrite dans ces pages s'impose naturellement.

FÉDÉRATION OU ÉCLATEMENT :
LA RAISON ET LE FEU

Les développements précédents pourraient conduire le lecteur au doute. L'éclatement de la zone apparaît infiniment plus probable que la fédéralisation. Et c'est l'évidence si l'on songe que l'Europe n'est pas conduite par l'intelligence stratégique mais par un collectif d'égoïsmes. L'Europe n'est qu'une pauvre fille offerte au monde par la politique commerciale de l'Union européenne et une jungle fiscale et sociale prétendant faire coexister des cigales et des fourmis au sein de la zone euro ! La solution ne viendra donc malheureusement pas de la raison expliquant

longuement les enjeux et dominant les intérêts, sauf sursaut des peuples.

Compte tenu de ses implications politiques et stratégiques, la crise de l'euro et de
l'Europe ne se résoudra donc pas « à froid »,
mais dans un moment de tension extrême et
dans l'urgence absolue. En effet, par les décisions qui seront prises, il y aura des gagnants
et des perdants, des pays qui seront dans et
hors de la Fédération, des espoirs déçus ou
des horizons nouveaux qui s'ouvriront. Ce
livre veut éclairer les choix qui s'imposeront
dans ces heures brûlantes.

La solution viendra du feu des marchés
lorsque la dette publique des cigales sera
attaquée par les spéculateurs. Alors, tout se
jouera en une nuit lorsqu'une solution devra
être trouvée avant l'heure à laquelle les
éboueurs commencent à vider les poubelles.
Vers 1 heure du matin, devant des chefs
d'État et de gouvernement à la mine défaite
suite à l'effondrement des Bourses, les direc-
teurs des Trésors des États membres auront

rappelé les termes de l'équation : fédéralisation ou éclatement. L'éclatement semblera d'abord naturel. Et puis l'un des membres de la réunion se souviendra avoir lu ce manifeste et lira à haute voix une phrase de ce texte : « *Il faut surtout comprendre que la nouvelle Fédération économique et monétaire deviendrait immédiatement la deuxième puissance économique du monde, la première puissance commerciale et industrielle du monde et un géant politique capable de peser face à la Chine et aux États-Unis.* » (!)

Et en quelques heures devra s'opérer un choix prodigieux par sa nature et ses effets : obéir à La Fontaine et séparer cigales et fourmis, au risque d'inimitiés durables et profondes ; ou forcer le destin et créer un géant prodigieux pouvant changer l'histoire du monde en équilibrant les ambitions des États-Unis et de la Chine qui veulent chacun garder ou reconquérir le *leadership* de la planète. Il faudra donc que la raison s'impose au milieu du feu.

Les « petites mains » qui dirigent aujourd'hui l'Europe auront-elles la force d'accoucher d'un géant ?

C'est l'objet de ce manifeste que de vouloir contribuer au « miracle raisonnable » explicité dans ces pages !

ORGANISATION INSTITUTIONNELLE DE L'ENSEMBLE EUROPÉEN

La Fédération économique et monétaire serait initialement une Confédération d'États-nations libres de mener leurs politiques dans le cadre du marché unique de l'Union européenne et des engagements pris comme membres de la Fédération économique et monétaire. On peut imaginer qu'une fois la Fédération créée les États membres de l'Union européenne ne puissent la rejoindre que lorsque leur balance courante des paiements aura été équilibrée trois ans de suite, afin de ne pas peser sur la balance courante de la Fédération, et uniquement si leur politique budgétaire respecte la *règle d'or d'équilibre des comptes publics* depuis au moins trois ans, leur dette publique étant inférieure à 60 % du PIB. Ces conditions de candidature étant remplies, la candidature ne serait plus soumise qu'à la *règle d'admission*.

La Fédération se doterait d'un secrétariat général assurant la préparation et le suivi des décisions prises par le *Conseil fédéral* composé des chefs d'État et de gouvernement de la Fédération. Elle créerait un *Sénat de la Fédération* constitué de sénateurs élus sur une base nationale, chaque sénateur représentant trois millions d'habitants et chaque pays membre ayant au moins un sénateur. La Fédération aurait ainsi, initialement, une centaine de sénateurs européens qui approuveraient les actes importants de la Fédération, notamment la mise en place des impôts fédéraux et le contrôle de leur usage.

La *Fédération économique et monétaire* évoluerait au sein de l'Union européenne administrant le marché unique sous le contrôle du Parlement européen et de la Cour européenne de justice. Les règles du marché unique pourraient être simplifiées.

L'Union européenne pourrait s'ouvrir à l'est en intégrant les États des Balkans, puis les États européens jusques et y compris la Russie, et notamment l'Ukraine et la Biélorussie.

L'Union européenne prendrait alors l'initiative de proposer la création d'une *Union euroméditerranéenne* (UEM), dans laquelle elle entrerait comme membre fondateur. L'UEM serait ouverte à tous les États du pourtour méditerranéen, de la Turquie au Maroc. L'UEM aurait pour vocation de créer un marché intérieur euroméditerranéen fondé sur des échanges ouverts sous condition de réciprocité. L'UEM mettrait en œuvre des normes sociales et environnementales favorisant une croissance durable et harmonieuse pour cet ensemble d'un milliard de personnes.

QUELLES POLITIQUES STRATÉGIQUES POUR CETTE FÉDÉRATION ?

La Fédération proposée créerait une synergie entre les États membres grâce au mini-budget fédéral qui se mettrait en place. Cette Fédération ne constituerait pas initialement des « États-Unis d'Europe », mais elle nommerait un ministre de l'Économie et des Finances de la zone qui mettrait en œuvre les orientations stratégiques adoptées par le *Conseil fédéral* des chefs d'État et de gouvernement de la Fédération. Ce ministre dialoguerait avec le président de la Banque centrale de la Fédération et représenterait la Fédération dans les organisations internationales (directement ou par ceux qu'il nomme).

On pourrait également nommer un ministre de l'Enseignement supérieur et de la Recherche qui conduirait la politique de R&D de la Fédération et favoriserait le développement des universités fédérales, sous le contrôle du *Sénat de la Fédération*.

Un conseil des ministres de l'Économie et des Finances de la Fédération, *Ecofin fédéral*, présidé par le ministre fédéral de l'Économie et des Finances, arrêterait les grandes orientations budgétaires et s'assurerait de la cohérence des politiques monétaire, budgétaire et de change de la Fédération et des États membres. L'*Ecofin fédéral* serait donc responsable de la conduite du *policy mix* de la Fédération, c'est-à-dire de la mise en cohérence des grands instruments de la politique économique, afin que la croissance économique de la Fédération soit la plus rapide possible tout en s'assurant du maintien des grands équilibres économiques et financiers au sein de la Fédération comme dans les États membres.

On peut imaginer qu'un conseil des ministres de l'Énergie et du Développement durable favorise l'essor de la croissance durable au sein de la Fédération avec des politiques appropriées d'économies d'énergie et de production d'énergies renouvelables. Il faudrait notamment mettre l'accent sur les futures métropoles modernes inscrites dans une croissance durable qui seraient au cœur de cette croissance harmonieuse et qu'on pourrait appeler *EcoMétropole de Production*[1]. La croissance mondiale se métropolise dans le monde émergé comme dans l'émergent, mais les entrepreneurs, les chercheurs ou les artistes préfèrent les villes attrayantes alliant dynamisme et forte mobilité à la qualité de vie.

La Fédération européenne, union d'États-nations, serait à la pointe d'une croissance durable dans des villes harmonieuses. Elle bénéficierait d'une grande stabilité monétaire avec une gestion budgétaire rigoureuse.

---

1. Sur ce point, voir *L'Incohérence française, op. cit,* chapitre IV.

QUELS NOUVEAUX ÉQUILIBRES MONDIAUX ?

La Fédération européenne deviendrait un acteur clé de la vie stratégique mondiale. Elle serait assez puissante pour faire valoir les intérêts politiques, économiques, financiers et écologiques de l'Europe afin que l'humiliation européenne du sommet de Copenhague sur le climat en 2009 ne puisse se reproduire. Cette Fédération devrait se positionner face aux États-Unis et à la Chine. Les premiers semblent en difficulté, avec des déficits publics et commerciaux croissants, alors que la seconde multiplie les réussites après trente ans de croissance au rythme stupéfiant de 9 % l'an.

Il est facile de trouver des points faibles aux États-Unis : criminalité, violences et inégalités sociales historiquement élevées. Le poids du leadership mondial leur semble insupportable et favorise une tentation forte de retour à l'isolationnisme. Mais les faits suivants disent une autre histoire. Les États-

Unis produisent un cinquième du PIB mondial avec moins de 5 % de la population mondiale, le dollar reste la monnaie du commerce mondial et Internet a transformé la planète. Malgré le poids de ses engagements militaires internationaux, le budget américain de la Défense est de l'ordre de 4,5 % du PIB contre plus de 6 % du PIB il y a un quart de siècle. Ce budget militaire est néanmoins plus élevé que le budget militaire combiné des neuf puissances suivantes. Il y a aujourd'hui autant de Chinois apprenant l'anglais que d'habitants aux États-Unis.

Alors que la Chine a vu sa production industrielle tripler depuis 2002, celle des États-Unis a stagné. C'est que les États-Unis se concentrent de plus en plus sur la conception des nouveaux produits plutôt que sur leur production, au risque de perdre des savoir-faire clés dans le monde industriel.

La capacité à rester une grande puissance au cours du prochain demi-siècle se jouera sur trois éléments décisifs : défense, finance et technologies nouvelles développées dans le cadre d'une *économie entrepreneuriale de la connaissance*, les développements dans ces trois domaines s'appuyant sur un socle d'indépendance énergétique et alimentaire nationale. Un tel ensemble de facteurs de puissance peut être nommé *super hard power*, car la finance rend possible la défense dont l'efficacité dépend du développement des technologies. Il n'y a pas de *super hard power* sans indépendance énergétique et alimentaire.

Or, si les États-Unis ne représentent que 20 % de l'économie mondiale (contre 30 % en 1945 au moment de leur plus grande domination du monde), ils contrôlaient plus de 40 % de la défense, de la banque d'investissement et des nouvelles technologies de la planète en 2010. Tout porte à penser que ce sera encore le cas en 2020.

La Chine progresse aussi à grande allure, mais elle est loin de pouvoir rivaliser avec l'économie d'innovation qui fonctionne aux États-Unis, et dans une moindre mesure en

Europe. Certes, mesurées en parité de pouvoir d'achat, les dépenses anticipées de R&D pour 2012 devraient atteindre 430 milliards de dollars aux États-Unis contre 200 milliards en Chine, 160 milliards au Japon et un montant équivalent conjoint pour l'Allemagne, la France et l'Italie. Mais l'Europe, incluant le Royaume-Uni, fait jeu égal avec les États-Unis en termes de publications scientifiques alors que la Chine et l'Inde restent des acteurs mineurs produisant pour l'instant peu de connaissances originales au niveau mondial[1]. Le Japon et la Corée du Sud excellent dans les innovations industrielles.

Il apparaît donc qu'une Fédération européenne, travaillant en bonne intelligence avec le Royaume-Uni et les États-Unis, serait un acteur majeur en termes de *super hard power* dans le monde à condition d'utiliser sa puissance financière pour renforcer sa défense. Elle devrait contribuer à l'émergence d'un

---

1. *Les Échos*, 16 janvier 2012.

« marché intégré de l'Atlantique-Nord » qui favoriserait les échanges commerciaux et scientifiques entre les États-Unis et l'Europe. Elle pourrait imposer la réciprocité dans les échanges avec la Chine et l'ensemble des pays émergents. Elle pourrait contribuer à la stabilisation du Moyen-Orient et serait en mesure d'équilibrer la présence de la Chine en Afrique. Surtout, alors que les États-Unis ne peuvent plus garantir la sécurité européenne, la Fédération pourrait contribuer de façon décisive à la consolidation des industries de défense européennes et au développement des capacités militaires de l'Europe en lien avec le Royaume-Uni et les États-Unis. La France, si elle parvient à rétablir ses équilibres économique et financier, devrait jouer un rôle éminent au sein d'une Fédération européenne œuvrant, avec les États-Unis, au maintien de la paix dans le monde.

S'appuyant sur une base solide de coopération économique, énergétique, scientifique et technique, la Fédération orienterait les politiques d'une Union européenne très élargie dans une direction d'action forte et cohérente.

Cette Fédération pourrait-elle évoluer vers des États-Unis d'Europe ? Il ne faut ni le prévoir ni l'exclure. Le temps fera son œuvre. On peut néanmoins imaginer que cette Fédération, centrée sur l'ancien empire carolingien et dotée d'un Sénat d'inspiration romaine, ne resterait pas longtemps un bébé politique.

Conclusion

N'ayons pas peur !

L'Europe est au bord de l'éclatement. La zone euro vacille. Alors que le potentiel européen est colossal, l'Europe apparaît comme une masse molle inorganisée en puissance.

Or tout reste possible si un noyau dur d'États européens décide d'adopter des règles communes pour résoudre la crise de l'euro tout en jetant les bases d'une croissance durable fondée sur une économie entrepreneuriale.

Il est encore temps de briser l'union des égoïsmes et de l'inertie.

Une Fédération européenne, initialement modeste, peut naître demain.

N'ayons pas peur !

Paris, le 5 avril 2012.

Table

Claude Allègre, Patrick Artus, Jean-Louis Borloo, Yves Cochet, Vincent Courtillot, Jean Jouzel, Jacques Le Cacheux, *Querelles écologiques et choix politiques*, 2011.

Collectif, *La Révolution du livre numérique*, 2011.

Nicolas Bouzou, Luc Ferry, *La Politique de la jeunesse*, 2011.

Luc Ferry, *Pour un service civique*, 2008.

Luc Ferry, *Combattre l'illettrisme*, 2009.

Luc Ferry, *Face à la crise. Matériaux pour une politique de civilisation*, 2009.

Luc Ferry, Axel Kahn, *Faut-il légaliser l'euthanasie ?*, 2010.

Michel Foucher, *L'Europe et l'Avenir du monde*, 2009.

Étienne Klein, *Le Small Bang. Des nanotechnologies*, 2011.

Gilles Lipovetsky, Jean Serroy, *La Culture-monde. Réponse à une société désorientée*, 2008.

Cet ouvrage a été transcodé et mis en pages
chez Nord Compo (Villeneuve-d'Ascq)

N° d'impression :
N° d'édition : 7381-2815-X
Dépôt légal : mai 2012